AF563012

ÉLOGE FUNÈBRE

DES

SOLDATS FRANÇAIS MORTS A LA BATAILLE DE LOIGNY

LE 2 DÉCEMBRE 1870

Prononcé dans l'Église de Loigny
le 2 Décembre 1891

PAR

M. L'ABBÉ S. VERRET

Professeur de Philosophie

A L'INSTITUTION NOTRE-DAME DE CHARTRES

CHATEAUDUN

IMPRIMERIE J. PIGELET, RUE DE BLOIS

1891

ÉLOGE FUNÈBRE

DES

SOLDATS FRANÇAIS

MORTS A LA BATAILLE DE LOIGNY

ÉLOGE FUNÈBRE

DES

SOLDATS FRANÇAIS MORTS A LA BATAILLE DE LOIGNY

LE 2 DÉCEMBRE 1870

Prononcé dans l'Église de Loigny
le 2 Décembre 1891

PAR

M. L'ABBÉ S. VERRET

Professeur de Philosophie

A L'INSTITUTION NOTRE-DAME DE CHARTRES

CHATEAUDUN

IMPRIMERIE J. PIGELET, RUE DE BLOIS

—

1891

✝

« *Vivent mortui tui, interfecti mei resurgent.* »
IS. XXVI, 19.

Tes morts vivront, mes victimes ressusciteront.

MONSEIGNEUR [1],
MES FRÈRES,

Tous les peuples ont honoré le courage malheureux. Il est des défaites qu'ils ont célébrées comme des victoires, des trépas qu'ils ont exaltés comme des martyres, des tombeaux qu'ils ont vénérés comme des sanctuaires. La Grèce vanta ses Thermopyles plus que Salamine et Marathon ; le Sénat de Rome, au lendemain d'un désastre fameux, remercia ses consuls de n'avoir pas désespéré de la patrie ; les Juifs chantèrent les forts d'Israël frappés sur leurs montagnes, et à la première page de ses fastes immortels la France garde, inscrits en lettres d'or, le nom de Roncevaux qui vit tomber Roland, le nom de Rouen qui vit brûler Jeanne d'Arc, le nom de Loigny qui vit mourir nos soldats chrétiens de 1870.

D'où vient cela, mes frères ? Quel sentiment inspire ce culte du malheur? Est-ce l'admiration de

(1) Monseigneur Lagrange, évêque de Chartres.

la valeur jusque dans son impuissance? Est-ce la reconnaissance du dévoûment généreux, quoique inutile? Est-ce la compassion des survivants qui dédommage par des honneurs posthumes de trop injustes revers? Oui, sans doute, mais c'est plus encore : c'est que le sacrifice dégage une invincible et religieuse espérance.

L'héroïsme est toujours noble, toujours beau, toujours grand. Mais quand le succès le couronne, il semble qu'il ait reçu sa récompense. Il a glorifié le drapeau, il a sauvé la patrie. D'aussi loin qu'on l'aperçoit, on l'acclame, on salue ses étendards déchirés par les balles ou noircis par la poudre, on accueille, on décore ses blessés dans lesquels on voit le prix radieux de la victoire, et l'enthousiasme de tout un peuple affirme la vitalité de la patrie triomphante. Au contraire, quand l'héroïsme a succombé; quand il s'est vu briser devant la force des hommes ou l'ironie des choses; quand la terre est restée indifférente aux appels de secours et le ciel impitoyablement fermé à tous les vœux; quand chaque famille a pu compter ses vides, et que nos frères par milliers ont dormi leur dernier sommeil dans la captivité ou dans la mort; ne vous semble-t-il pas, mes frères, que la rigueur même de la justice appelle la miséricorde, et que l'excès même de l'humiliation ouvre sur l'avenir la consolante vision de l'espérance?

Cette nation s'est épuisée. Elle a pris pour le jeter dans l'enjeu terrible des batailles le meilleur d'elle-même, sa gloire, sa grandeur, sa fierté, sa bravoure, ses richesses, la prière de ses prêtres, la douleur de ses mères, la jeunesse et la force de ses fils. Elle a vu tout cela se fondre dans un soir de défaite. Triste alors, mais confiante, elle regarde le ciel et elle dit: « Mon Dieu, voici ma part; j'attends la vôtre. » Que fera Dieu? Ne vous semble-t-il pas qu'il abaissera sur ces hécatombes humaines un de ces regards que de là-haut il abaisse sur le Calvaire, qu'il écoutera la voix rédemptrice du sang répandu, et qu'il attachera à tant de morts un pouvoir de résurrection et de vie? « *Vivent mortui tui, interfecti mei resurgent.* »

Ainsi l'a toujours cru la conscience de l'humanité. Elle a vu dans le nécrologe de ses héros comme une créance sur la bonté divine, et dans leur seul souvenir un gage de réhabilitation. Sur leurs dépouilles elle ne sait point pleurer, elle est fière et elle chante ; elle pense au dévoûment d'hier et elle sourit à l'aurore de demain.

N'est-ce point là, mes frères, le double sentiment qui nous ramène aujourd'hui sur ce champ de bataille et devant ces tombeaux?

Vingt et un ans sont passés, faisant surgir sur la cendre de nos braves une génération nouvelle qui, à son tour, porte les armes ; et, défiant l'oubli, nous venons encore *admirer leur sacrifice*, comme devant un autel, et *chercher l'espérance*, comme auprès d'un berceau.

Puissent ces deux pensées inspirer dignement cet éloge consacré à la mémoire des soldats français glorieusement tombés dans vos plaines le 2 décembre 1870 !

I

Vous vous rappelez, mes frères, la nuit lugubre qui suivit cette mémorable journée. Pendant que l'ennemi exaspéré par dix heures de lutte déborde de toutes parts, envahit votre village en ruines et assouvit une dernière vengeance contre vos demeures désormais inoffensives, on entend dans le lointain le roulement de notre armée, qui emporte dans sa retraite les débris de la fortune de la France. Elle laisse autour de vous des milliers d'hommes qui, le matin, souriaient à la victoire, et qui le soir gisent, blessés, mourants, morts déjà sur les sillons durcis. La nuit d'hiver enveloppe les dernières péripéties du drame sanglant de ses ombres et de son silence. La neige tombe, blanche comme un linceul, ou plutôt blanche comme une nappe d'autel.

C'est, en effet, un sacrifice qui s'achève. Au milieu de ce qui fut la ligne de bataille, au centre de ce demi-cercle qui va de Nonneville à Goury, voyez-vous, comme au-dessus d'un autel, se dresser la croix, la croix de votre clocher, qui rayonne à travers l'incendie, et qui montre le ciel empourpré par les flammes? De tous les points de l'horizon elle attire vers elle les yeux qui peuvent voir encore; elle rappelle au soldat expirant le divin sacrifice dont elle est le symbole; elle lui redit la religion de son village et la foi de sa mère ; elle lui inspire le repentir qui absout et la charité qui sauve; elle donne ainsi aux gémissements, aux cris confus, aux agonies leur expression véritable; elle en fait une prière, prière chrétienne et française, dont je retrouve l'écho sur les lèvres du général de Sonis après quinze heures de cette lente immolation : « J'ai bien offert mes souffrances pour le salut de notre pauvre pays. »

Ni l'autel, ni la croix, ni les victimes, ni l'expiation : vous le voyez, mes frères, rien ne manque au sacrifice.

Faut-il pour la vingtième fois vous redire les circonstances dans lesquelles il 'était préparé et accompli ?

Quand Dieu se mêle de donner des leçons aux peuples, il les donne en maître : celle que reçut alors la France était complète. Longtemps on l'avait regardée comme la reine des nations ; la victoire obéissait au moindre signe de son épée; le nom seul de ses soldats donnait au monde entier l'idée de soldats sans rivaux. Mais dans l'amollissement de la fortune, elle oublia, au dedans, l'austérité de la vie chrétienne, et, au-dehors, sa vocation séculaire qui l'avait faite le chevalier du droit contre la force et le défenseur tutélaire de la Papauté. Dieu, pour nous punir, n'avait qu'à laisser son libre cours à l'implacable logique des événements. Rappelez-vous leur succession rapide, foudroyante, providentielle : nos hommes d'Etat surpris par des ennemis qui doivent leur puissance à nos fautes; les coups pleuvant sur nous avec une continuité qui frappe l'Europe de stupeur; nos vieilles troupes déployant en vain la valeur d'autrefois ; chaque bataille se tournant en défaite et chaque défaite, en désastre ; nos frontières violées ; notre sol déshabitué des invasions, frémissant de nouveau sous le pied des Germains ; nos forteresses succombant tour à tour ; Sedan emportant, comme dans un tourbillon, l'honneur de nos aigles et la liberté de cent mille français ; Paris investi et isolé du reste de la nation ; bientôt Metz laissant déborder sur nos provinces les armées longtemps retenues sous ses murs ; vos plaines enfin voyant fondre sur elles ces nouveaux barbares dont le nom seul porte devant eux l'épouvante et l'effroi.

Dans cette extrémité qu'allait faire la France ? Il est des pays qui comptent dans leur histoire plus d'une intervention divine et plus d'une délivrance miraculeuse ; il est des nations à qui le malheur inspire des énergies surhumaines et des témérités magnanimes. La France ne désespéra point. Elle rassemble les restes épars des premières luttes, elle reforme ses régiments, elle provoque les dévoûments volontaires, en quelques semaines elle suscite une armée, et elle l'établit sur la Loire, notre grand fleuve national contre lequel est venue échouer quatre cents ans plus tôt l'invasion anglaise. De ces recrues arrachées subitement à leur foyer, à leur atelier ou à leur charrue, elle exige la constance et la solidité des vétérans. Elle leur demande de supporter, sans se plaindre, les fatigues et les privations d'une longue campagne d'hiver, car il s'agit, à force de vaillance, de sauver au moins l'honneur.

Plusieurs fois elle put même espérer davantage et croire encore à la fortune. Châteaudun arrête par une résistance héroïque la marche des Allemands. La victoire de Coulmiers rend à nos jeunes troupes la conscience de leur propre valeur et fait passer un frisson d'enthousiasme au cœur de la patrie. Orléans est délivré, et dès lors, si la capitale peut briser le cercle de fer qui l'étreint, si nos deux armées arrivent à joindre leurs forces, c'est l'invasion coupée en deux, l'ennemi rejeté précipitamment sur la route de l'Est et commençant une retraite qui peut finir par une déroute.

Tel est, mes frères, le plan des opérations qui vont se dérouler sous vos yeux : que dis-je ? telle est la confiance qui enflamme nos quatre corps d'armée quand ils se réveillent, alertes et joyeux comme le soleil de ce matin-là, dans les plaines de Loigny.

« Paris, dit-on, a rompu les lignes allemandes ; nos frères d'armes marchent vers nous ; nos efforts réunis vont chasser vers la frontière ces vainqueurs qui ne sont plusinvincibles. En effet ne les avons-nous pas battus hier ? A Villepion, à Nonneville, à Faverolles, partout nous avons couché sur les positions conquises. Le succès d'aujourd'hui sera décisif et c'est par nous que Dieu va sauver la patrie. »

Ainsi se communique dans tous les rangs l'enthousiasme et la foi. C'était le 2 décembre et plus d'un Français pensait à Austerlitz ; c'était un vendredi et plus d'un chrétien pensait à la Passion.

Cependant d'Orgères à Bazoches, de Lumeau à Poupry, l'ennemi est là, dissimulant ses masses profondes. Nos troupes viennent les heurter dans leur marche. Le canon tonne ; c'est la bataille et bientôt la mêlée. Dieu seul, mes frères, a pu voir en détail tous les dévoûments de cette journée, et, pour compenser d'avance le silence ou l'oubli des hommes, je m'imagine que les preux de France, éveillés de leur sommeil ou rappelés de leur gloire, suivaient d'un œil d'envie chacun de nos faits d'armes et signalaient aux anges jusqu'au dernier des blessés et jusqu'au plus obscur des trépas.

A la droite, Goury vit autour de son enceinte des actes magnifiques de courage. Trois fois les mobiles de Loir-et-Cher ont failli l'emporter, trois fois ils ont laissé sous ces murs la moitié de leurs généreux bataillons.

A la gauche, les mobiles de la Sarthe vont enlever la Maladrerie, gardant toute la journée, sous une pluie d'obus, l'impassible contenance des troupes les plus fières. C'est dans leurs rangs qu'on vit de simples soldats arrêter des fuyards, leur montrer l'ennemi et leur dire dans leur naïveté sublime : « Vous vous trompez, c'est par là qu'il faut aller. » C'est à la tête d'une de leurs compagnies que l'un des premiers gentilshommes de France tombait, le sourire aux lèvres, dans la fleur de ses vingt-deux ans.

Ici même, dans votre vieux cimetière et autour de votre église, le 37e de marche se couvrit d'une gloire immortelle. Vous savez avec quelle intrépidité ces héros défendirent pendant sept heures votre village contre des divisions entières. Abrités derrière vos murs, réfugiés dans vos maisons, vos greniers et vos caves, et jusque sur la tombe de vos morts, ils lançaient leurs feux de toutes parts ; ils vous criaient dans l'ardeur de l'action : « Priez pour nous pendant que nous combattons pour vous ; » et le soir, leur noble commandant, blessé et prisonnier, répondait encore aux sommations du vainqueur : « Monsieur, ce n'est pas mon affaire d'arrêter le feu de mes soldats, c'est la vôtre ! »

Le sort de la journée, mes frères, eût été changé si nos troupes de la plaine avaient pu rejoindre ces braves à travers votre village. On l'essaya, et tel fut le but de la charge légendaire des zouaves pontificaux, dont le nom depuis ce jour reste inséparable du nom de Loigny.

Le voyez-vous, là-bas, sous les murs de Villepion, le bataillon sacré qui forme la réserve de l'honneur ? Les vieillards aux cheveux blancs y coudoient les adolescents au front pur ; les fils de l'ouvrier y fraternisent avec les descendants des croisés. Tous aiment leur Dieu et plusieurs l'ont reçu ce matin même dans l'église voisine de Saint-Péravy ; tous aiment l'Église et beaucoup portent les cicatrices glorieuses de Mentana et de Castelfidardo ; tous aiment la France et leur titre officiel de Volontaires de l'Ouest proclame la spontanéité de leur patriotisme ; tous aiment leur chef dont le nom seul serait un drapeau si le ciel même ne leur en avait pas donné un de sa main.

La nuit vient, nos derniers régiments plient, la déroute va commencer à moins qu'un grand exemple ne ranime nos troupes défaillantes.

C'est l'heure de se dévouer, c'est l'heure de mourir : Soldats du Pape, c'est votre heure!

Le général de Sonis arrive sur eux, l'épée étincelante : « Zouaves, leur crie-t-il, les troupes hésitent. Montrons ce que peuvent faire des hommes de cœur et des chrétiens. En avant, Vive Pie IX ! Vive la France ! » Le même cri s'échappe de ces nobles poitrines. Les mobiles des Côtes-du-Nord, les Francs-Tireurs de Tours et de Blidah les appuient. Le bataillon s'élance. Il déploie sa bannière dans ces plaines où Jeanne d'Arc arborait jadis son étendard plus heureux. Pour la première fois, elle apparaît aux regards, portant sur sa soie blanche la prière du sacrifice : « Cœur de Jésus, sauvez la France ! » Ici ce sont les troupes qu'il faut ramener au combat, là-bas c'est Loigny qu'il faut atteindre. Ils marchent, ils courent, ils volent, sans tirer un coup, impassibles comme à la manœuvre, radieux comme à une fête, recueillis comme au martyre. Ils ont conscience qu'ils accomplissent un grand devoir ; ils couvrent la retraite, ils sauvent l'armée. Beaucoup déjà sont tombés sous la mitraille. Deux fois, trois fois, la bannière elle-même ondule et s'incline au souffle de la mort : elle se relève : on la suivait toute blanche, rouge et sanglante on la suit mieux encore. Elle dépasse Villours, elle flotte au bois Bourgeon, la voici à l'entrée du village ; c'est la délivrance, c'est la victoire.... Non, mes frères, ce fut, vous le savez, l'immolation, et, quand ils se retrouvèrent, les survivants purent compter les victimes. De Sonis, de Charette, de Troussures, de Ferron, de Moncuit, de Verthamon, de Bouillé, ils sont là par centaines arrosant de leur sang les guérets froids et glacés comme le marbre de l'autel.

Terre de Loigny, bois dans le mystère cette rosée qui te consacre et qui féconde en toi le cœur même de la France! La rosée de la nuit c'est l'espoir du matin, et, autour des lieux où se consomment les holocaustes du patriotisme, j'entends la voix de tous les peuples chanter non point des chants funèbres, mais des hymnes d'enthousiasme et de fierté.

N'en est-il pas de même ici, mes frères? Interrogez ce champ de mort et écoutons ensemble la voix qui s'en échappe. Est-ce le frémissement de la vengeance païenne « *Exoriare aliquis nostris ex ossibus ultor* » ? Est-ce l'imprécation du fataliste contre une fortune trop aveugle ? Est-ce la plainte du poète sur la mélancolie des choses « *Sunt lacrymæ rerum* » ? Est-ce le sanglot des mères et des épouses en deuil ? Est-ce l'angoisse de la patrie agonisante ? Non, mes frères, c'est un cri d'invincible et céleste espérance.

Je m'approche du général de Sonis étendu là-bas où la même main sacerdotale vient d'élever à sa gloire un second monument immortel. Je me souviens que, dans nos légendes, les anges du ciel descendent auprès des héros pour recueillir leur dernier soupir, et emporter leurs âmes dans les saintes fleurs du Paradis ; je me souviens que Jeanne d'Arc, près de mourir, entendait ses voix ; j'écoute, je regarde, et je vois tout à coup s'entrouvrir ce noir firmament sans étoiles et j'aperçois là-haut, au seuil de l'éternité, Marie, Reine de la France, souriant au sacrifice, acceptant au nom de Dieu cette rédemption et promettant à son peuple régénéré la résurrection et la vie.

Vivent mortui tui, interfecti mei resurgent.

II

On raconte, mes frères, le trait suivant au sujet d'un des plus nobles soldats de Loigny. Quand la guerre éclata, sa jeune paternité allait se couronner d'un nouveau fleuron. Simple et grand, il partit. Le deux décembre il porta, le premier, l'étendard du Sacré-Cœur ; le premier, il tomba sous ses plis. A la paix on voulut réunir ses glorieux restes aux cendres de ses aïeux. Mais avant de procéder à l'inhumation on apporta son enfant, née depuis peu et qu'il n'avait pas connue, et on lui conféra le Baptême sur le cercueil de son père. Et, dans les cris pleins de vie de cette enfant régénérée sur le bord d'une tombe, on croyait entendre comme un *alleluia* d'espérance : « O mort, où est ta victoire ? O mort, où est ton aiguillon ? Les victimes ressuscitent et les sacrifiés se relèvent. *Vivent mortui tui, interfecti mei resurgent.* »

Or, mes frères, s'il y a des survivances pour les familles, il y a des résurrections pour les patries. Le sang des héros chrétiens peut être aussi un baptistère, et si, me montrant leurs ossements, vous m'invitiez à verser des larmes, je vous répondrais : « Pourquoi le deuil ? Il faut chanter plutôt : Vous croyez que c'est un sépulcre ; non, non, c'est un berceau ! »

Quand, par une sombre journée d'automne, vous allez jetant dans les plaines où ils sont morts le blé de vos semailles, tout est triste, vous vous dépouillez pour confier à la terre une partie de votre épargne, l'hiver vient, et qui peut prévoir ses rigueurs ? Mais Dieu voit votre travail : au grain desséché, anéanti dans le sillon, il communique une fécondité merveilleuse. Au premier sourire du printemps c'est une mer verdoyante d'épis ; au soleil de l'été ce seront des moissons d'or. Ainsi, mes frères, ont fait nos héros. Ouvriers du sacrifice dont ils étaient eux-mêmes la matière, ils se sont jetés sur la terre de France comme une rançon sans doute, mais surtout comme une semence. Mon Dieu ! donnez-lui votre rosée, et pour un brave qui n'est plus il s'en lèvera cent, le front haut ; et pour un martyr volontaire il s'en lèvera mille prêts à le devenir demain ; et sur les ruines d'une génération éteinte se lèvera une génération nouvelle, plus nombreuse et plus forte ; et sur les cendres de cette jeunesse héroïque se lèvera une autre jeunesse vivante et vaillante qui dira au ciel et à la terre : « Voilà vingt et un ans, c'étaient nos frères, aujourd'hui c'est nous ! ». La patrie alors se dressera dans sa gloire comme une mère appuyée sur ses fils ; elle éclaircira son front trop longtemps humilié et, regardant bien en face ses amis et ses rivaux, elle pourra leur dire comme notre Châteaudun relevé de ses ruines : « EXTINCTA REVIVISCO. »

Que faut-il, mes frères, pour que ce soit là de plus en plus la réalité d'aujourd'hui ? Le Prophète nous l'exprime dans le même texte qui nous promet la réhabilitation : « *Expergiscimini et laudate qui habitatis in pulvere, quia ros lucis ros tuus.* Pour nous louer dignement, pour que notre sang tombé sur vous soit fécond comme la rosée de l'aurore, réveillez-vous, levez-vous de votre poussière. »

Les vertus privées sont, en effet, la seule garantie des relèvements publics, et la meilleure façon de pratiquer le patriotisme c'est de travailler à son âme. Aussi, mes frères, c'est à nous tous et à chacun de nous que s'adressent nos morts. De Goury, de Villepion, de Villours, du Bois des Zouaves, de vos rues, de vos toits, de cette église, de cet ossuaire, ne vous semble-t-il pas entendre, dans les ouragans de l'hiver ou dans les brises de l'été, comme un cri qui s'élève ?

Il est pressant comme un appel, chaleureux comme une prière, strident comme le clairon de la bataille : « *Expergiscimini qui habitatis in pulvere.* »

Qui que vous soyez, Chrétiens et Français, sortez de la poussière, élevez vos cœurs, et imitez-nous. Fils des preux, voici vos aînés se dévouant sans réserve, sous une autorité qu'ils n'avaient pas choisie, au service de la France qui ne change pas ; fils du peuple, voici des milliers de soldats obscurs que la noblesse de leur trépas a faits les égaux des plus grands ; vieillards, voici des volontaires de soixante ans, frappés à côté de leurs fils, et à l'ombre du même étendard ; jeunes gens, « voici d'héroïques enfants qui n'avaient pas vécu, et qui ont su mourir[1] » ; hommes du monde, voici des Comités de secours, l'élite de notre société, qui font des merveilles pour sauver les blessés ; femmes françaises, voici des mères, des épouses et des sœurs qui pleureraient depuis vingt ans, si elles n'étaient chrétiennes, des pleurs inconsolables ; prêtres, voici un pasteur qui fut notre inoubliable modèle et qui reste notre honneur.

Toutes leurs voix s'unissent, voix de la terre et voix d'outre-tombe, pour nous redire avec le Prophète le principe de la résurrection et la condition de l'espérance : « *Expergiscimini qui habitatis in pulvere.* »

Quel que puisse être l'enivrement de la bataille, l'odeur de la poudre ou la perspective de la gloire, ce n'est point le hasard qui fait les héros : c'est la foi et la vertu. L'une les inspire, l'autre les conduit.

Pour que, sous le feu du canon, sous les éclats de la mitraille, un homme, sur l'ordre d'un autre

(1) Mgr LAGRANGE, *Discours prononcé à la Distribution des Prix de l'Institution Notre-Dame de Chartres ;* 1890.

homme, affronte tranquillement la mort, ne faut-il pas qu'il croie à des vérités supérieures, à des idées immortelles, au devoir, à l'honneur, au sacrifice, à la fraternité, à la patrie, à Dieu ? Autrement il se couchera au moment décisif, derrière un pli de terrain, comme ces malheureux dont je n'ai point voulu vous parler, de peur de paraître ternir même involontairement le numéro d'un régiment français. Eh quoi ? vous limitez son horizon aux vulgarités d'ici-bas et vous lui demandez une abnégation surhumaine ; vous concentrez sur son corps seul ses préoccupations idolâtriques, et vous voulez traiter ce corps comme un objet de fatigue, comme un instrument de salut social dont les balles et les obus vont se disputer les lambeaux ; vous négligez son âme, et vous lui parlez d'honneur ; vous lui laissez entendre qu'il est le but unique de sa destinée et vous l'invitez à mourir pour les autres ; vous semez l'impiété, non, non, n'attendez pas des chevaliers.

Au contraire, quand on aspire aux réalités de l'au-delà ; quand on entrevoit le ciel où toute blessure se guérit, où l'immortalité nous attend ; quand on adore un Dieu crucifié pour le salut des hommes, je vous le demande, qui peut vous empêcher d'être brave ?

On laisse à son foyer l'amour et le bonheur : qu'importe ? Là-haut, c'est l'éternel rendez-vous. On est jeune, on est l'appui des siens : qu'importe ? Dieu veillera sur eux ; mais le salut de la patrie est le premier exercice de la charité. On va succomber dans une lutte inégale : qu'importe ? On tombera sur le cœur même de Jésus ! Quand sonne la charge meurtrière, on y vole comme à une fête, ainsi que Troussures ; on sait que l'on court à la mort, comme Verthamon, et il vous semble monter au ciel ; quand pleuvent les obus, on les salue comme de Luynes, et l'on crie : « En avant, mes amis, ça ne fait pas de mal ! » ; quand vient l'agonie, on lui sourit comme ce jeune zouave expirant tendrement sur l'épaule de Sonis ; et si l'on perd une partie de soi-même, on a presque regret du sacrifice incomplet, et, dans l'espoir qu'un jour il pourra s'achever dans une bataille plus heureuse, on demande qu'il en reste assez pour monter à cheval et servir encore la France.

« Nous avons tous deux patries, disait Lacordaire, la cité éternelle et la cité terrestre, la patrie du sang et la patrie de la foi. Elles fraternisent comme l'âme et le corps fraternisent ; elles sont unies comme l'âme et le corps sont unis, et quand un peuple s'honore d'une alliance particulière avec l'Église, alors l'amour de l'Église et l'amour de la patrie semblent n'avoir plus qu'un même objet : le premier élève et sanctifie le second, et il se forme de tous deux une sorte de patriotisme surnaturalisé par la foi [1] ».

Au nom du patriotisme, comme au nom de la vérité, gardons, mes frères, gardons cette foi qui relève de la poussière d'en bas les esprits et les cœurs

(1) LACORDAIRE, *Discours sur la Vocation de la Nation française.*

« *Expergiscimini qui habitatis in pulvere* » : mais aussi gardons la vertu qui en découle et qui prépare aux sublimes abnégations.

Les causes pour lesquelles on souffre et on meurt peuvent souffrir mais ne meurent pas. La plus douce volupté d'une grande âme, c'est le don de soi. Travaillons donc chacun pour notre part, comme nos chers morts, au relèvement de la patrie, et sachons bien qu'il ne suffit point d'enfermer au dedans de nous l'idéal comme un trésor inactif, ni de cacher notre croyance dans notre âme comme la réserve des grands jours. Le dévoûment a son apprentissage et l'héroïsme son école. Il grandit à toute heure, il se développe par l'exercice ; et il n'est point de cœur si jeune qui ne puisse déjà, dans le détail de la vie quotidienne, y essayer ses forces.

Ces leçons austères de Loigny seraient-elles trop au dessus de notre temps ? On le dit parfois. On dit qu'on rencontre une jeunesse insouciante de ces grandes choses, qui s'avance dans la vie, sceptique, oisive et légère, et qui prétend réaliser l'idéal de la jeunesse française à la fin de notre siècle. Ne les croyez pas. J'en atteste ces cendres sacrées, ils ne sont ni jeunes ni français, car il leur manque deux qualités essentielles : la foi et le dévoûment de la jeunesse et de la France.

Le jeune français de nos jours, le frère puîné de nos héros, le digne héritier de leur vaillance et de leur gloire, l'orgueil d'aujourd'hui et la force de demain, le jeune français de la fin de ce XIXe siècle, c'est ici qu'il se révèle dans sa vérité. Il se lève sur le tombeau de nos braves ; il semble en sortir comme d'un berceau.

Sur ces murs, dans ces verrières, voyez-vous briller sa radieuse image ? Il est debout, ferme, armé, comme l'Ange même de la patrie. D'une main il tient son épée, de l'autre il déploie son drapeau. Il est fier comme Roland, pur comme Jeanne d'Arc, dévoué comme nos zouaves, savant comme personne. Il est le bon soldat de Jésus-Christ qui aime les Francs ; il a pris pour devise celle de ses aînés « *A vero bello Christi* » ; il ne sépare point dans son cœur l'amour de l'Église de l'amour de la France ; il se prépare dans le travail, dans le silence, dans la dignité de sa vie, dans le service de ses frères, à écrire encore des faits glorieux dans les épopées de l'avenir ; et ses yeux disent assez la prière qui jaillit de son âme ardente :

...... Mon Dieu ! qu'on me donne trois choses :
Une époque où l'on voie encor de grandes causes,
Une épée à mon flanc que je leur puisse offrir,
Des combats de géants et le droit d'y mourir !

Voilà, mes frères quel fut le soir du 2 décembre 1870, mais voici quelle est l'aurore ; voilà le sacrifice, mais voici l'espérance.

Monseigneur, vous pouvez juger mieux que personne si le présent répond au passé. Vous eûtes de vos enfants parmi nos martyrs. Parmi ceux que l'Église de France élève avec tant de prédilection, vous en avez encore qui s'arment peut-être pour des luttes prochaines. Vous connaissez et vous aimez ceux-ci, comme vous connaissiez et aimiez ceux-là. Déjà, vous le savez, ils sont venus mesurer leur taille en ces lieux, et ils ne se sont point trouvés trop inégaux[1]; et même, quand vous regardez les vivants, il nous semble parfois que vous regrettez moins les morts, tant vous êtes convaincu, vous aussi, de la parole du Prophète que les victimes ressuscitent et que les sacrifiés se relèvent.

Vivent mortui tui, interfecti mei resurgent.

AMEN.

(1) L'Institution Notre-Dame a fait le 18 juin 1891 un pélerinage religieux et patriotique au sanctuaire de Loigny. Elle y a laissé en ex-voto une bannière qui est la reproduction exacte de l'étendard des zouaves pontificaux.

Châteaudun, Imp. J. PIGELET.

www.ingramcontent.com/pod-product-compliance
Lightning Source LLC
LaVergne TN
LVHW010250230826
846091LV00007B/2888

* 9 7 8 2 0 1 2 9 4 2 2 0 2 *